Warme Träume

M. AMAN

Warme Träume

Geschichten und Gedichte 1998–2000

Bibliografische Information der Deutschen Nationalbibliothek
Die Deutsche Nationalbibliothek verzeichnet diese Publikation
in der Deutschen Nationalbibliografie; detaillierte bibliografische
Daten sind im Internet über http://dnb.d-nb.de abrufbar.

Satz, Herstellung und Verlag:
BoD – Books on Demand, Norderstedt
ISBN 978-3-7543-1540-8

Inhaltsverzeichnis

Meine Ichs	9
Der Traum	10
Das kann doch nicht wahr sein!	11
Lass mich in Ruhe!	12
Ein Kind	13
Mathematische Gleichung	14
Ein Traum	15
Die erste Liebe	16
Geschenke meiner Seele	17
Der Mustermann	18
Schade	19
Warme Träume	20
Das Leiden	21
Eine Brücke	22
Selbstbilder	23
Das Vorgespräch	24
Ein Gedicht	25
Das Wort Opfer	26
Wissen Sie!	27
In meinen Gedanken	28
Meine Freundin	29
Ich liebe in Deutsch	30
Bam bum	31
Tote Wörter	32
Eine offene Beziehung	33
Fußspuren	34
Mit den Füßen	35
Na dann	36
Leise	37
In den Rollen	38
Offene Seele	39

Eine Taube   40

Für mehr Leben   41

Würde ich ich sein!   42

Die Zahl Null   43

Die Bälle   44

Einfach   45

Dazwischen   46

Neulich   47

Ein Dogmatiker   48

Falls   49

Die Tauben   50

Ich atme den Duft meiner Wörter   51

Haben Sie eine Zigarette für mich?   52

Ganz konkret   53

Der Blumenstrauß   54

Normalerweise   55

Was ich meine   56

Die Wahrheit   57

Unser Postbote   58

Mit etwas Salz   59

Kartoffelchips   60

Hinter dem Berg   61

Ein Fisch   62

Vorsicht!   63

Einen Tag danach   64

Papiertiger   65

Eine Ohrfeige   66

Ein Liebesspiel   67

Im Spiegel   68

Die Haustür   69

Die Preise   70

Der Mensch   71

Bilder   72

Hallo!   73

Das Rad 74

Als ich selbst 75

Zwischendurch 76

Der Zauberspiegel 77

Verletzen 78

Hiha! 79

Ich bin bereit 80

Die Frontlinie 81

Unkraut 82

Der Geschmack des ersten Blickes 83

Der Herbst 84

Ein Apfel 85

Ich denke an sie 86

Barfuß 87

Offen 88

Dazwischen 89

Ein Kreis 90

Die Meisten 91

Eine Tasse Tee 92

Die Mehrheit des Volkes 93

Übrigens 94

Mehr Farbe 95

Negative Erfahrungen 96

Mein Nachbar 97

Er lernte Tina kennen 98

Später 99

Alles, was ich tue 100

Die Einladung 101

Das erste Gedicht 102

In Klammern 103

Die Leere 104

Auf der Kulturebene 105

Eine andere Hoffnung 106

Das Wir-Gefühl 107

Zwei kleine Mädchen   108

Die Form   109

Der Wind   110

Eine Geschichte   111

Mir war peinlich   112

Der Weg   113

Ich pflege Wörter   114

Und die Welt   115

Es ergab sich so!   116

Das erste Problem   117

Ich wachte auf   118

In der Bahn   119

In diesem Wirrwarr   120

Meine Ichs

Ich habe ein Ich,
das tut.

Ich habe ein zweites Ich,
das beobachtet,
was ich tue.

Ich habe ein drittes Ich,
das tut,
was es will
und hört gar nicht auf mich.

Und ich habe ein viertes Ich,
das mit allen meinen Ichs
befreundet ist.

Es ist aber leider nicht immer
zu Hause.

Der Traum

Sie waren zu viert
und sie waren unzufrieden.
Drei dachten,
der vierte sei die Ursache
ihrer Unzufriedenheit
und beseitigten ihn.

Sie waren zu dritt
und sie waren nicht zufriedener als vorher.
Zwei dachten,
der dritte sei die Ursache
ihrer Unzufriedenheit
und beseitigten ihn.

Sie waren zu zweit
und sie waren nicht zufriedener als vorher.
Einer dachte,
der andere sie die Ursache
seiner Unzufriedenheit
und beseitigte ihn.

Nun war der eine allein
und er war nicht zufriedener als vorher.
Er träumte sich einen Feind,
der Traum war nicht zufrieden
und beseitigte ihn.

Das kann doch nicht wahr sein!

Wer mit den Feinden des Volkes eine Beziehung eingeht, ist ein Verräter. Wer mit einem Verräter eine Beziehung eingeht, der mit den Feinden des Volkes eine Beziehung eingeht, ist ein Verräter.

Wer mit einem Verräter eine Beziehung eingeht, der mit einem Verräter eine Beziehung eingeht, der mit den Feinden des Volkes eine Beziehung eingeht, ist ein Verräter.

Wer mit einem Verräter eine Beziehung eingeht, der mit einem Verräter eine Beziehung …

Das kann doch nicht wahr sein! Ich bin ein Verräter.

Lass mich in Ruhe!

Man muss das Problem erkennen und sich damit auseinandersetzen. Jeder hat eine Schattenseite. Auch die Welt hat eine.

Wir müssen akzeptieren können, dass …
Lass mich in Ruhe!

Ein Kind

Als ich klein war, begegnete ich einem verlassenen Kind. Ich nahm es in Obhut. Ich wuchs heran. Es blieb ein Kind.

Als ich Dichter war, sagte es einmal zu mir, da du nun Dichter bist, brauche ich ja nicht heranzuwachsen. Ich bleibe ein Kind!

Und es blieb ein Kind.

Mathematische Gleichung

Eins plus zwei ist gleich drei. Also, ich habe zwei Freunde, dann sind wir zusammen drei.

Eins plus eins ist gleich zwei. Also, ich habe einen Freund, dann sind wir zusammen zwei.

Eins minus eins ist gleich null. Also, ich habe meinen Freund verloren, dann sind wir zusammen null.

Aber ich fühle mich nicht wie null. Es fehlt mir sogar etwas. Ich fühle mich wie minus eins. Daher ist eins minus eins gleich minus eins.

Mathematisch gesehen habe ich zwei Freunde verloren. Also, eins minus zwei ist gleich minus eins.

Ein Traum

Ich hatte einen roten Pullover. Auf einer Reise verlor ich ihn. Ich machte mich auf den Weg, überallhin und fand ihn nirgendwo wieder. Es gab zwar rote Pullover, aber ich dachte, meiner hätte eine dunkelrote Farbe.

Müde und enttäuscht kehrte ich zurück nach Hause. Ich öffnete die Tür. Im Wohnzimmer, vor dem Fenster auf einem Stuhl lag ein alter roter Pullover. Ich zögerte noch, aber dann zog ich ihn mir an und fühlte mich wohl.

Die erste Liebe

Er nahm den Roman »Die erste Liebe«
in den Urlaub mit.
Er kam zurück,
ohne ihn gelesen zu haben.

Er nahm ihn wieder mit
und kam zurück,
ohne ihn gelesen zu haben.

Nun hat er seine zweite Liebe hinter sich
und nimmt den Roman nicht mehr mit.

Geschenke meiner Seele

Mir fehlt etwas. Ich denke ständig nach, was es sein könnte. Währenddessen schenkt mir meine Seele ab und an eine Blume. Ich freue mich und vergesse, dass mir etwas fehlt.

Nach ein paar Tagen beginne ich wieder mit der Suche. Es ist mir nicht klar, ob meine Seele mir Blumen schenkt, damit ich weiter suche, oder aufhöre zu suche.

Der Mustermann

Ich heiße Mustermann,
meine Frau heißt Musterfrau.
Wir haben zwei Kinder,
die heißen Mustersohn und Mustertochter.
Unsere Wohnung heißt Musterwohnung,
wir haben ein Musterwohnzimmer,
ein Musterschlafzimmer
zwei Musterkinderzimmer,
und eine Musterküche.
Unsere Lieblingsspeise heißt Musterspeise,
wir haben auch ein Musterfernsehen
und unser Lieblingsprogramm heißt Musterprogramm.

Kurz gesagt:
Ich bin ein Mustermensch.

Aber wissen Sie,
das Wort Mustermensch hat gerade in mir
ein Gefühl ausgelöst,
das sich meinem Mustergefühl widersetzt.

Ich nehme meine letzte Aussage zurück!

Schade

Der Kaffee schmeckt gut,
nur schade, dass du keine Milch hast.

Es tut mir leid, dass ich keine Milch habe.

Der Kaffee schmeckt mit Milch gut,
nur schade, dass du keinen Zucker hast.

Es tut mir leid, dass ich keinen Zucker habe.

Der Kaffee schmeckt mit Milch und Zucker gut,
nur schade, dass du keinen Kuchen hast.

Es tut mir leid, dass ich keinen Kuchen habe.

Der Kuchen schmeckt mit Kaffee gut,
nur schade, dass ich mich ein wenig gelangweilt fühle.

Es tut mir leid, dass du dich gelangweilt fühlst.

Warme Träume

Draußen ist es kalt.
Ich ziehe ein paar warme Träume an
und gehe spazieren.

Die Passanten gucken mich an,
als ob ich nackt sei.

Das Leiden

Es gibt Zeiten, wo das Leben uns überfordert. Da ist das Leiden unser Freund. Es begleitet uns, bis wir genug Kraft haben, um von ihm Abschied zu nehmen.

Es wird uns nicht böse sein. Es ist ein ehrlicher Freund.

Eine Brücke

Meine Vergangenheit
hat keine Zukunft
und meine Zukunft
keine Vergangenheit.

Ich baue eine Brücke
dazwischen.

Falls ich zum Ziel gelange,
lasse ich sie einstürzen.

Selbstbilder

Am Morgen,
bevor ich von Zuhause weggehe,
ist mein Selbstbild realistisch.

Gegen Mittag verändert es sich
zu einem expressionistischen Selbstbild.

Am Abend ist mein
Selbstbild kubistisch.

In der Nacht bin ich ein Impressionist.

Das Vorgespräch

Was ich mit ihm besprechen will, bespreche ich vorher mit mir selber. Wo ich nicht recht habe, ärgert er sich, und ich gebe ihm recht. Wo er nicht recht hat, ärgere ich mich, aber er gibt mir nicht recht.

Ich glaube es ist besser, wenn ich ihn gleich besuche.

Ein Gedicht

Sich hinsetzen
und ein Gedicht schreiben.

Einfach,
aber auch nicht.

Du solltest irgendetwas
nicht verstanden haben,
vorher.

Ins Ohr geflüstert.

Das Wort Opfer

Ich mag das Wort Opfer nicht,
aber ich mag Opfer.

Vielleicht deshalb
mag ich das Wort Opfer nicht.

Wissen Sie!

Wissen Sie, ich glaube, ich sei zu urtümlich. Ich könnte mit Computern nicht Karten spielen. Ich soll meinen Spielpartner mit Leib und Seele vor mir haben. Beim Telefonieren habe ich nicht viel zu erzählen und wenn der Anrufbeantworter angeschaltet wird, lege ich lieber den Hörer ab. Es ist mir peinlich mit einem Tonbandgerät zu reden.

Auf der Straße verliere ich leicht die Kontrolle über meine Augen. Es gibt so viele schöne Beine! Ich verletze meine Freunde, indem ich unüberlegt meine Meinung äußere und ich habe manchmal Gedanken, die mit dem Menschenverstand nicht zu erklären sind. Gestern dachte ich, die Steine können denken. Gott sei Dank, dass das eine vorübergehende Erscheinung war. Aber mit zu urtümlich zu sein, sollte ich mich wohl abfinden.

In meinen Gedanken

In meinen Gedanken
ist ein Baum gewachsen.

Die Wurzeln strecken sich
in meinen Körper hinein,
sie berühren die Erde,
wenn ich laufe.

Und sie berühren dich,
wenn ich dich berühre.

Ich habe helle Gedanken
und dunkle Wurzeln.

In meinen Blättern
bin ich grün.

Meine Freundin

Meine Freundin verletzt meine Bedürfnisse,
ich muss sie ständig vor ihr verteidigen.

Mein Freund verletzt meine Intimität,
ich muss sie ständig vor ihm verteidigen.

Eine Freundin von mir verletzt meine Nähe,
ich muss sie ständig vor ihr verteidigen.

Und ich,
ich verletzte meine Selbstachtung,
ich muss ständig sie vor mir verteidigen.

Aman!
du steckst bis zum Halse in der Scheiße!

Ich liebe in Deutsch

Ich liebe in Deutsch
und ich schimpfe in Deutsch
und ich dichte in Deutsch
und ich träume in Deutsch,
also,
ich bin in der deutschen Sprache Zuhause,
aber ich fühle mich hier nicht wohl.

Im Iran würde ich mich wohlfühlen,
aber da bin ich nicht Zuhause.

Bam bum

Bam bum
bam bum
bam bum
bam bum

bam bam bam bam
bum bum bum bum

bam bam bum bum
bam bam bum bum

bam bum bam bum
bam bum bam bum.

Ja! Anfangs schlug es sich leichter.

Tote Wörter

Ist hier was gestorben?

Es riecht
nach toten Wörtern.

Eine offene Beziehung

Ich bin für eine offene Beziehung. Das heißt, es kann sein, du rufst am Abend an und sagst, ich komme heute nicht nach Hause. Es wird mir wehtun.

Ich glaube, es würde mir weniger wehtun, wenn wir zwei Wohnungen hätten. Eine Wohnung ist wohl ein Symbol für eine geschlossene Beziehung.

Nun haben wir zwei Wohnungen. Und ich bin weiterhin für eine offene Beziehung. Das heißt, es kann sein, du rufst am Abend an und sagst, ich komme nicht zu dir. Es wird mir wehtun. Ich glaube, es würde mir weniger wehtun, wenn du gar nicht verpflichtet wärest, zu mir zu kommen. Eine Verpflichtung ist wohl ein Symbol für eine geschlossene Beziehung.

Nun haben wir zwei Wohnungen und du bist nicht verpflichtet, zu mir zu kommen. Du bist da!

Fußspuren

Der Tag hat keinen Sinn,
ich schenke ihm einen.

Und wenn der Wind ihn verwischt,
schenke ich ihm einen Sinn.

Auch er
hat keinen.

Mit den Füßen

Mit zwei Füßen auf dem Boden der Realität. Aber was nun, wenn der Boden zu schmutzig wäre? Ich will ja den Fuß nicht beschmutzen lassen.

Lieber mit einem Fuß im Traum. So kann ich verhindern, dass es dazu käme und ich bleibe nicht zu lange im Traum.

Da ist auch nicht alles heil.

Na dann

Ich möchte dich sterben! »Das siehst du doch! Das geht innerhalb der Sprache nicht.«

Na dann sterbe ich dich außerhalb der Sprache!

Leise

Hinter mir
liegt der Abgrund,
vor mir
eine Zukunft.

Stehend am Rande
des Abgrunds
gehe ich leise
in den Tag
hinein.

In den Rollen

Zuhause spiele ich die Rolle eines starken Mannes, der leidend seine Verzweiflungen aushält.

Bei meiner Freundin spiele ich die Rolle eines geduldigen Mannes, der verärgert auf ein ja wartet.

In den Gesellschaften spiele ich die Rolle eines gelassenen Mannes, der anstrengend andere leidet.

Auf der Straße spiele ich die Rolle eines ordentlichen Mannes, der ängstlich auf die Regeln achtet.

Bei mir spiele ich die Rolle eines sicheren Mannes, der unsicher sein inneres Chaos beherrscht.

In meinen Rollen spiele ich die Rolle eines geselligen Mannes, der verzweifelt am Rande seiner Existenz steht.

Offene Seele

Hier eine offene Wunde,
zwei offene Wunden,
drei offene Wunden,
vier offene Wunden.

Oje!

Da eine offene Seele,
wenn ich sie nicht hätte!

Eine Taube

Sich rächen,
das würde heißen,
noch eine Wunde hervorzurufen.
Das tue ich ja die ganze Zeit!
Und es hat mir nicht weitergeholfen.

Sich versöhnen,
das würde heißen,
die anderen zu überschätzen.
Das tue ich ja die ganze Zeit!
Und das hat mir nicht weitergeholfen.

Verzeihen,
das würde heißen,
die anderen nicht ernst zu nehmen.
Das tue ich ja die ganze Zeit!
Und das hat mir nicht weitergeholfen.

Vergessen,
das würde heißen,
mein Leid im Stich zu lassen.
Das tue ich ja die ganze Zeit!
Und das hat mir nicht weitergeholfen.

Lassen,
einfach offen lassen.
Vielleicht baut da eine Taube
ein Nest.

Für mehr Leben

Ich plädiere nicht für mehr
Menschlichkeit,
ich plädiere für mehr Leben.

Es nimmt nicht zu viel Menschlichkeit
in Anspruch,
die es nicht gäbe.

Würde ich ich sein!

Würde ich ich sein,
bin ich etwa nicht ich!
Wer bin ich denn dann?
Ein Er?
Ein Er steht doch vor mir.

Würden Sie bitte das Zimmer verlassen!
Ich werde später auf Sie zukommen.

Die Zahl Null

Die Zahl Null fasziniert mich. Sie ist umweltfreundlich. Du kannst sie in den Rucksack stecken und wenn du sie satthast, einfach wegwerfen. Die Zahl eins könnte verderben. Die Zahl minus eins ist sowieso verdorben.

Die Zahl Null ist einzigartig. Stell dir vor, du hättest die Hausnummer Null.
(Ich weiß, du machst dir Sorgen, keine Post zu bekommen.) Das kriegen wir hin!

Die Zahl Null ist eine magische Zahl. Sie stellt den Eingang zur Welt dar und den Eingang zur Unterwelt. Und jeder hatte damit zu tun. Und wenn er damit nichts zu tun hatte, wird er es haben.

Die Zahl Null fasziniert mich vor allem deshalb, weil sie eine Glückszahl ist. Bei der Zahl Null kannst du von neuem anfangen. Und dieses Glück hat nicht jeder.

Die Bälle

Ich habe einen Ball.
Wenn ich allein bin,
spiele ich mit ihm.

Du hast einen Ball.

Wenn wir zusammen sind,
spielen wir auch mit einem Ball.

Aber wo bleibt der Ball,
mit dem wir zusammenspielen,
wenn wir nicht zusammen sind?

Einfach

Ich liebte sie. Sie spielte mit mir. Ich störte sie bei ihrem Spiel. Sie ärgerte sich und brach mit mir.

Ich hätte ihr einfach zuschauen sollen. Sie hätte mich vielleicht zum Mitspielen eingeladen.

Dazwischen

Es gab den ersten Menschen,
denn er hatte die Chance, einer zu werden.

Es wird den letzten Menschen nicht geben,
denn er würde nicht die Chance haben,
einer zu bleiben.

Dazwischen versucht er,
einer zu sein.

Neulich

In der Zeit, da ich anfing, meine ersten Gedichte zu schreiben, weckte ein kleines Mädchen meine Aufmerksamkeit. Ich sah sie ab und an auf den Straßen des Stadtteiles, in dem ich wohne.

Sie wuchs heran. Meine Gedichte wuchsen auch heran. Sie machte ihre ersten Erfahrungen. Ich machte meine ersten Erfahrungen mit Liebesgedichten.

Sie probierte verschiedene Mode aus. Ich probierte verschiedene Gedichtformen aus. Sie ist ein Mischling. Auch meine Gedichte sind Mischlinge.

Sie ist nun eine attraktive junge Dame. Auch meine Gedichte sind nun attraktiv und jung.

Neulich wünschte ich, sie kennenzulernen. Ich merkte, ich kenne sie schon.

Ein Dogmatiker

Ein Dogmatiker analysiert Vergangenheit realistisch. So kann er sich den Verdienst erweisen, ein Realist zu sein.

Er analysiert die Zukunft voraussagend. So kann er sich den Verdienst erweisen, ein Visionär zu sein.

Die Gegenwart ignoriert er. So kann er sich den Verdienst erweisen, er lasse sich nicht unterkriegen.

Und er bleibt seinen Gedanken bis zum Tode treu. So kann er sich den Verdienst erweisen, sich treu zu bleiben.

Falls

Falls ihr mir gegenüber Willkür ausübt,
spiele ich die Opferrolle.

Ihr nehmt die Willkür ernst,
ich spiele mit ihr!

Die Tauben

Die Tauben
am Hauptbahnhof
haben krumme Krallen.

Ich habe eine krumme
Seele,
die Fahrgäste haben eine krumme Laune.

Und die Züge fahren pünktlich ab.

Gute Fahrt!

Ich atme den Duft meiner Wörter

Ich bin nicht weniger als ein Europäer, ein Europäer
und ich bin nicht weniger als ein Iraner, ein Iraner.

Ich atme den Duft meiner Wörter,
sie riechen nach den Träumen
meiner Kindheit.

Und sie riechen
nach den Träumen
von Menschen

an allen Ecken unserer Erde.

Haben Sie eine Zigarette für mich?

Falls jemand mich fragt: »Haben Sie eine Zigarette für mich?«, freue ich mich und gebe eine aus.

Sie würden sagen, ich wurde bestätigt, wenn ich etwas ausgebe. Deshalb ruft die Frage in mir die Freude hervor.

Sie würden sagen, es bestärkt mein Selbstwertgefühl, wenn ich etwas ausgebe. Deshalb ruft die Frage in mir die Freude hervor.

Die Frage ruft in mir Freude hervor, weil sie mich an meine Freundin erinnert. Sie hatte ihre Zigaretten nie bei sich und fragte mich stets: »Hast du eine Zigarette für mich?«

Ganz konkret

Ich habe ein offenes Herz. Ich meine ja nicht, ich sei großzügig. Ich meine ganz konkret. Mein Herz sieht aus wie ein Haus an der Straße, dessen Tür allen offen steht.

Das macht viele neugierig. Sie kommen rein, gucken herum und gehen wieder raus. Manchmal kommen Obdachlose rein und wollen dableiben. Ich habe nichts gegen Obdachlose. Ich mag sie. Aber wenn sie dableiben, besucht mich keiner mehr. Ich bitte sie jedes Mal wegzugehen. Sie ärgern sich und gehen weg. Manchmal geben sie nicht einfach auf und ich muss die Polizei holen.

Ich frage mich, was soll ich überhaupt mit einem offenen Haus an der Straße. Ein Tag der offenen Tür wäre etwas anderes. Aber diese ständigen Streitereien mit Obdachlosen. Und der Schmerz, den ich empfinde, wenn ein Besucher mir gefällt, und er nicht bleiben möchte.

Lieber zwei offene Augen. Ich meine ja nicht, ich sollte sehr aufpassen. Ich meine ganz konkret: Wach auf!

Der Blumenstrauß

Ich kaufe meiner Freundin einen Blumenstrauß. Der wird ihr Freude machen. Das macht dann auch mir Freude. Und wir können miteinander Freude haben. Und ich werde sie in Freude verlassen. Und mit Freude ihr wieder einen Blumenstrauß kaufen. Der wird ihr wiederum Freude machen, und macht dann wiederum auch mir Freude. Und wir können wiederum miteinander Freude haben. Und ich werde sie wiederum in Freude verlassen. Und mit Freude ihr wiederum …

Verdammt!
Ich habe keine Lust. Ich besuche sie nicht!

Normalerweise

Er saß einsam da,
er lud mich zum Kaffee ein.
Ich hatte noch nicht gegessen,
ich sagte,
ich trinke keinen Kaffee vor dem Essen,
es war auch wahr.
Ich trinke vor dem Essen normalerweise keinen Kaffee.

Er lud meinen Freund zum Kaffee ein.
Er hatte schon gegessen,
er sagte,
er trinke keinen Kaffee nach dem Essen,
es war auch wahr.
Er trinkt nach dem Essen normalerweise keinen Kaffee.

Er war auch normalerweise einsam.

Was ich meine

Ich sage ja,
sie sagt ja,
aber sie meint nein.

Ich sage ja,
aber ich meine nein.
Sie sagt nein,
aber sie meint ja.

Ich sage ja,
aber ich weiß nicht,
was ich meine!

Die Wahrheit

Die Wahrheit zu entlarven, scheint mir wie in einem Pornofilm. Sie erweist sich dann als eine Verfälschung. Sie zu verschleiern, wäre auch
eine Verfälschung. Wie ein Mensch ohne Sinnlichkeit. Am besten deutet man sie an.

Unser Postbote

Ich mag unseren Postboten. Er bringt mir Nachrichten von meiner Freundin. Manchmal bin ich verärgert über ihn. Er bringt mir eben keine Nachrichten

Ich glaube, ich mag meine Freundin auf eine ähnliche Weise. Sie bringt mir Nachrichten von mir.

Mit etwas Salz

Ich lecke am Ärger,
es schmeckt nach Meereswasser
salzig.

Ich lecke am Leben,
es fehlt ihm an Salz.

Ich entscheide mich fürs Leben
mit etwas Salz.

Kartoffelchips

Wir trafen uns einmal, sprachen uns aber nicht an. Seitdem träume ich von ihr. Auch im Traum sprechen wir uns nicht an. Neulich saß ich in der Bahn und aß Kartoffelchips. Ich träumte, sie säße vor mir. Ich bot ihr einen Kartoffelchip an. Sie lächelte mir zu.

Das hätte ich schon früher tun sollen!

Hinter dem Berg

Ich wollte zurückkehren,
eine Wand versperrte mir den Weg.
Ich kämpfte gegen sie an,
sie dehnte sich aus.
Ich kämpfte noch härter gegen sie an,
sie verwandelte sich in einen Berg.
Ich stand hilflos vor ihm,
ich drehte mich um
und lehnte mich erschöpft an ihn an.

Vor mir lag eine Landschaft,
hinter dem Berg lag eine Wüste,
allem Anschein nach.

Ein Fisch

Ich war ein Fisch und schwamm in einem Teich. Der Teich starb. Ich starb mit und verwandelte mich in einen Vogel. Ich wanderte zu einem See. Da verwandelte mich wieder in einen Fisch und schwamm weiter.

Ich war ein Fisch und schwamm in einem See. Der See starb. Ich starb mit und verwandelte mich in einen Vogel. Ich wanderte zu einem Meer. Da verwandelte ich mich wieder in einen Fisch und schwamm weiter.

Ich bin ein Fisch. Ich schwimme in einem Teich. Ich bin ein Fisch und ich schwimme in einem Meer.

Vorsicht!

Mit Würde leben,
es gehe auch ohne sie,
du schaltest aus.

Vorsicht! Hochspannung
Lebensgefahr.

Einen Tag danach

Einen Tag danach erfuhr ich es.
Ich hatte das Gefühl, es gebe sie nicht mehr
und ich hatte das Gefühl, es gebe sie.

Nach ein paar Jahren
habe ich das Gefühl, es gebe sie nicht mehr
und ich habe das Gefühl, es gebe sie.

Sie hat sich in ein Märchen verwandelt.
Ein Märchen ist wahr
und ein Märchen ist nicht wahr.

Papiertiger

Papiertiger
nennen sich die Kriegsfronten gegenüber.

Der Tiger
wird später
Kinder und Frauen zerfleischen
hinter den beiden Fronten.

Eine Ohrfeige

Pass auf, dass du mir keine Ohrfeige gibst. Ich werde dich in der Öffentlichkeit anzeigen. Natürlich glaubt mir keiner, dass du mir einfach eine Ohrfeige gegeben hast. Ich werde sagen, ich hätte von dir eine Feige verlangt und du gabst mir eine Ohrfeige.

Natürlich glaubt keiner, dass ich von dir eine Feige verlangt habe. Sie werden sagen, warum ich sie von dir nicht kaufte. Ich werde sagen, ich hatte kein Geld.

Natürlich glaubt mir keiner, dass ich kein Geld hatte. Sie werden fragen, warum ich sie dir nicht klaute. Ich werde sagen, ich war zu feige, um dir eine Feige zu klauen.

Natürlich glaubt mir keiner, dass ich feige war. Sie werden sagen, ich hätte die Ohrfeige wirklich verdient.

Ein Liebesspiel

Ich liebte sie 30 %, aber ich sagte zu ihr: Ich liebe dich! Sie antwortete mir, ich liebe dich auch und so waren wir zusammen.

Ich merkte später, ich war nicht ehrlich zu ihr. Ich sagte zu ihr: Ich liebe dich nicht! Sie antwortete mir, ich liebte dich auch nur 30 %. Ich war gekränkt und ignorierte sie von da an. Daraufhin liebte sie mich 100 %. Das habe ich nicht bemerkt, da ich noch mit meiner Kränkung beschäftigt war. Sie wurde gekränkt und ignorierte mich. Daraufhin liebte ich sie 100 %.

Wäre ich nicht mit 30 % in die Liebe gegangen, hätte sie mich vielleicht noch geliebt.

Im Spiegel

Ich hatte eine bittere Erfahrung. Ich reiste in eine Stadt. Ich machte da noch eine bittere Erfahrung. Ich reiste in eine andere Stadt. Auch da machte ich eine weitere bittere Erfahrung.

Ich hörte auf, in eine andere Stadt zu reisen. Ich hauste in einer Hütte am Rande der Stadt und machte eine Reise in mich selbst. Ich fand da einen Spiegel. Im Spiegel waren die Erfahrungen nicht so bitter. Ich nahm den Spiegel mit und ging in die Stadt.

Die Haustür

Ich wollte mich auf eine Reise machen. Die Haustür ließ sich nicht öffnen. Ich blieb im Haus eingesperrt. Da ich nichts anderes zu tun hatte, fing ich an, das Haus aufzuräumen. Als ich mit dem Aufräumen fertig war, ließ sich die Haustür öffnen.

Ich könnte gerne von der Reise zurückkehren!

Die Preise

Im Supermarkt lauten die Preise:
–,99 DM
1,49 DM
1,99 DM
4,95 DM
6,99 DM
Hier kaufen wir für uns selbst.

In dem Blumenladen lauten die Preise:
1,– DM
1,50 DM
2,– DM
10,– DM
Hier kaufen wir für die anderen.

In den Buchhandlungen lauten die Preise:
4,00 DM
9,80 DM
14, 60 DM
20,10 DM
36,40 DM
Hier kaufen wir für uns und für die anderen.

Preise widerspiegeln unsere Tendenzen
bei jeweiliger Situation.

Der Mensch

Komödie
Krimikomödie
Drama
Abenteuer
Psychokrimi
Heimatfilm
Fantasieaction
Kriegsdrama
Western
Liebeskomödie
Melodram
Märchenfilm
Tragikkomödie
Thriller
Horrorthriller
Krimi
Action
Erotik
Erotikthriller

Humanfilm

Der Mensch hat so viele Gesichter,
in einem Humanfilm hat er kaum ein Gesicht.

Bilder

Ein Freund von mir bat mich,
ein Bild von ihm zu malen.
Ich malte es und hing es in meinem Zimmer auf.
Nach ein paar Tagen schaute ich es mir wieder an.

Ich merkte, es regte mich auf.
Ich änderte einiges daran.
Ich fand es dann in Ordnung.

Später schaute ich es mir an.
Ich merkte, das Bild war über mich aufgeregt.
Ich änderte einiges daran.
Dann fand ich es in Ordnung.

So einfach ist es, dachte ich.
Gut, dass ich auch malen kann!

Hallo!

Hallo!
Hallo!

Ein Kuss.
Ein Kuss.

Ein halber Kuss.
Ein halber Kuss.

Ein viertel Kuss.
Ein viertel Kuss.

Ein achtel Kuss.
Ein achtel Kuss.

Ein Abschiedskuss.
Ein Abschiedskuss.

Tschüss!
Tschüss!

Das Rad

Sonntag warte ich auf Montag,
Montag warte ich auf Dienstag,
Dienstag warte ich auf Mittwoch,
Mittwoch warte ich auf Donnerstag.

Donnerstag warte ich auf Freitag,
Freitag warte ich auf Samstag,
Samstag warte ich auf Sonntag.

Das Rad dreht sich weiter.

Als ich selbst

Sie sagte ja,
ich sagte nein.
Ich wollte, als ich selbst, zu ihr ja sagen.

Sie sagte ja,
ich sagte nein.
Ich wollte zu ihr, als ihr selbst, ja sagen.

Sie sagte ja,
ich sagte ja.

Zwischendurch

Warten,
bis die Hoffnung zurückkehrt.

Zwischendurch
ihr eine Einladungskarte schicken.

Der Zauberspiegel

Ehrlichkeit führt in eine Richtung zur Dummheit, in eine andere Richtung zur Unverschämtheit. Ich bin relativ ehrlich. Es ist nicht schade. Mir geht es auch relativ gut. Ich lebe in einem relativ guten Land und heute ist es relativ warm. Wir führen ein relatives Leben nach außen. Und nach innen? Ich möchte mich nicht in eure Angelegenheiten einmischen.

Ist aber das Einmischen nicht auch relativ? Also, nach innen ist es nicht relativ. Es scheint uns relativ zu sein.

Die Seele ist ein Zauberspiegel. Sie schützt uns. Und sie schützt vielleicht sich selbst, damit sie weiterhin zaubern kann.

Verletzen

Verletzen tut gut,
es zeigt,
dass wir mehr sind,
als wir uns erlauben.

Versöhnen tut gut,
es zeigt,
dass unsere Bindung mehr ist,
als wir erlauben.

Hiha!

Hiha!
Hiha!

Hi!
Hi!

Ha!
Ha!

Ist jemand da?

Oh, Verzeihung!
Ich habe sie nicht gehört.

Ich bin bereit

Meine Wurzeln passen in einen Koffer,
meine Gedanken passen in mein Gehirn,
ich bin bereit zu reisen.

Den Schlüssel werfe ich ins Wasser,
ich will nämlich nicht zurückkehren.

Die Frontlinie

Inspiriert von Ingeborg Bachmann

Die Frontlinie liegt
in mir.

Auf der einen Seite stehe ich,
wenn ich mich betrüge.

Auf der anderen Seite stehe ich,
wenn ich zu mir komme.

Der Krieg findet im Alltag statt,
wo ich die Welt berühre.

Unkraut

Nicht alle meine Wünsche sind essbar,
ich habe auch Unkraut im Garten,
der Gärtner hasst sie.

Ich habe einen gesunden Garten,
ohne Unkraut wäre der tot,
ich schätze auch den Gärtner,
ohne ihn wäre der Garten auch tot.

Der Geschmack des ersten Blickes

Es war bitter,

jedoch
der Geschmack des ersten Blickes
berührt mich noch.

Es war mehr als ein Blick,
ich bin auch nun mehr,
als ich es war.

Der Herbst

Das Leben
und
der Tod,

ach, lassen wir es!
Der Herbst ist schön,

die Blätter
bunt.

Ein Apfel

Zweifel,
lieber nehme ich einen Apfel.

Ich zweifle nicht,
daran zu beißen.

Ich nahm vorerst zwei Äpfel,
da tauchte wieder der Zweifel auf,
an welchem ich zuerst beißen sollte!

Ich denke an sie

Was war an ihr fremd?
Die Art und Weise
wie sie da war,
leise
und sicher.

Ich denke an sie,

leise
und sicher.

Barfuß

In dem Moment,
in dem die Liebe dich erwischt,
nimmst du dich
in deiner Schwäche wahr,
nimmst du dich
in deiner Verletzbarkeit wahr.

Du gehst ein Stück barfuß
in deinem Herzen.

Offen

Eine Vorgeschichte
und die hat eine andere Vorgeschichte
und die hat wiederum eine andere Vorgeschichte.

Warum denke ich rückwärts?
Eine Vorgeschichte könnte doch offen sein
für eine neue Geschichte.

Dazwischen

Nächstenliebe,
ich wäre damit überfordert.

Selbstliebe,
ich wäre damit unterfordert.

Dazwischen gebe es doch genug Raum
für Lebensliebe.

Ein Kreis

Bedürfnisse,
Befriedigung,
Spannung,
der Kreis schließt sich.

Mein Kreis aber lässt sich nicht schließen.
Ich verfasse ein Gedicht,
der Kreis schließt sich.

Die Meisten

Ein verzweifelt hilfloser Mensch erlebt die meisten als Arschlöcher.

Ein Außenseiter, die die Spielregeln des Lebens nicht anerkennt, erlebt die meisten als unehrlich.

Ein Mensch, der den Anspruch erhebt, der Freund aller Menschen zu sein, erlebt die meisten als unfreundlich.

Ein Mensch, der nur da ist, um zu lieben, erlebt die meisten als nicht liebenswürdig.

Ein Mensch, der sich ausschließlich den Interessen von anderen widmet, erlebt die meisten als uninteressant.

Ein Mensch, der sich für die Liebe zu den anderen aufopfert, erlebt die meisten als Täter.

Eine Tasse Tee

Eine kühle Leidenschaft plus eine warme Mahlzeit ist größer als eine warme Leidenschaft plus eine kühle Mahlzeit. Geben wir den beiden Seiten der Ungleichung eine Tasse Tee, so ergibt sich, dass eine kühle Leidenschaft plus eine warme Mahlzeit plus eine Tasse Tee ist gleich eine warme Leidenschaft plus eine kühle Mahlzeit plus eine Tasse Tee.

So ergibt sich, eine Tasse Tee ist gleich eine Tasse Tee.

Die Mehrheit des Volkes

Wenn die Mehrheit des Volkes einen Diktator duldet, dulde ich ihn auch.

Wenn die Mehrheit des Volkes sich für Reformen einsetzt, setze ich mich auch für Reformen ein.

Wenn die Mehrheit des Volkes sich für eine Revolution einsetzt, setze ich mich auch für eine Revolution ein.

Man könnte meinen, ich sei ein Opportunist. Der bin ich nicht: Wenn die Mehrheit des Volkes sich aus Opportunität für etwas einsetzt, setze ich mich dagegen ein.

Übrigens

Würde ich zugeben,
dass ich leide,
wäre es konventionell.

Würde ich es verschweigen,
wäre es auch konventionell.

Übrigens,
es ist heute sehr heiß,
am besten gehe ich
und kaufe mir ein Eis.

Mehr Farbe

Die erste Kindheit ging schief. Mit Mühe fange ich eine zweite an. Was heißt mit Mühe? Ich fange tausend Mal an und tausend Mal geht es schief.

Doch das bringt mehr Farbe in meine erste Kindheit.

Negative Erfahrungen

Eine negative Erfahrung,
zwei negative Erfahrungen,
drei negative Erfahrungen
vier negative Erfahrungen,

das macht zusammen zehn negative Erfahrungen.
Ich schulde mir dann zehn positive Erfahrungen.

Nicht doch!
Eine positive Erfahrung würde mehrere negative ausgleichen.

Mein Nachbar

An meinen Gefühlen zu den Nachbarn
begreife ich,
in welchem Zustand sich meine Beziehung
zu der Welt befindet.

Sie ist nicht besonders gut.
Morgen nehme ich ausnahmsweise
die Post vom Nachbarn an!

Er lernte Tina kennen

Er lernte Tina kennen,
Tina ging.

Er lernte Lina kennen,
er dachte, sie heiße Tinalina,
Lina ging.

Er lernte Nina kennen,
er dachte, sie heiße Tinalinanina,
Nina ging.

Er konnte keine mehr kennenlernen,
er wusste nicht, wie sie heißen würden.

Es blieb ihm nichts übrig,
als sich selbst kennenzulernen,
er lernte sich kennen.

Und er war sehr froh darüber,
dass er Tina kennengelernt hatte.

Später

Die Leiche begraben
und später
das Grab besuchen.

Mir war eine Leiche
auf den Armen geblieben.

Alles, was ich tue

Alles, was ich tue, bereue ich. Und ich bereue, dass ich es bereue und ich bereue, dass ich es bereue, dass ich es bereue und …

Ich gehe davon aus, dass Sie es bereuen, diese Zeile gelesen zu haben. Und Sie bereuen es, dass Sie es bereuen und …

Es tut mir leid, dass ich so gemein war!

Die Einladung

Die Skinheads haben meinen Nachbarn zusammengeschlagen. Er ist nun an einem Bein gelähmt. Ich bin an einem Flügel gelähmt. Ich kann nicht fliegen. Ich hasse nämlich sie.

Ich lade sie ein, mit mir eine Runde Skat zu spielen. Vielleicht kann ich dann nachher wieder fliegen.

Das erste Gedicht

Wir versöhnten uns.
Bei der Begegnung
nahm sie die Zigarettenschachtel
aus meiner Hemdtasche
und zündete eine Zigarette an.

Es fing leicht an,
ich schrieb darüber ein Gedicht.

Ich erinnere mich schwer
an mein erstes Gedicht,
an sie auch.

Und ich rauche noch
und schreibe weiterhin Gedichte.

In Klammern

Klammer auf,
eine Liebe.

Ich vergaß die Klammer zuzuschließen.

Eine andere Liebe,
eine andere Liebe,
eine andere Liebe.

Ich schließe die Klammern zu,
es bleibt nur eine Liebe.

Klammer zu.

Die Leere

Ich schrieb für sie,
sie ging.

Ich schrieb für mich,
um die Leere in mir zu füllen,
die sie hinterlassen hat.

Die ist nicht zu füllen,
ich schrieb auch für eine andere,
eine andere habe auch die Leere in sich.

Auch sie hatte eine Leere in sich,
ich schreibe auch für sie.

Auf der Kulturebene

Auf der Moralebene ist es ausweglos,
auf der Gefühlsebene ist es ausweglos,
ich mische die Moral mit dem Gefühl.

Auf der Kulturebene ist es nicht ausweglos.

Eine andere Hoffnung

Hoffnung. Sie erwartet zu viel von mir. Ich ersetze sie durch die Lebensfähigkeit. Dies erwartet von mir zu wenig. Ich mische etwas Liebesfähigkeit damit. Sie übertrifft nicht deine Fähigkeiten.

Eine andere Hoffnung.

Das Wir-Gefühl

Ich habe ein Wir-Gefühl, wie von den Astronauten, wenn sie die Erde von weitem betrachten. Ich habe ein Wir-Gefühl, wenn ich die Nachrichten im Fernsehen verfolge. Ich habe ein Wir-Gefühl, wenn ich mich auf die Straße begebe. Ich habe ein Wir-Gefühl, wenn ich einem Nachbarn begegne. Ich habe ein Wir-Gefühl, wenn ich einem Freund begegne.

Es fängt leicht an und entwickelt sich zu einem Ich-Gefühl, wenn ich alleine bin, wie bei den Astronauten, wenn sie die Erde von weitem betrachten.

Zwei kleine Mädchen

In der Stadt,
auf dem Gehweg,

Zwei kleine Mädchen
in Winterkleid und Hut
mit einem Schlitten.

Sie sitzen
und erholen sich,
eine links,
die andere rechts von dem Schlitten.

Sie blicken unvertraut,
die Straße ist weiß bedeckt,
ein Passant geht an ihnen vorbei.

Die Form

Das Motiv und die Form. Die Ethik und die Handlung. Das Motiv stammt oft aus einer nichtgelungenen Handlung. Die Ethik präsentiert sich als Form.

In der Schönheit der Handlung.

Der Wind

Mit der Hand male ich eine Rose in den Sand. Sie gefällt mir nicht. Der Wind übermalt die Rose.

Nun gefällt sie mir.

Eine Geschichte

Ich,
Du und
ein Raum,
in dem wir uns begegnen.

Der Raum ändert sich:
wir betreten ihn.

Auch wir ändern uns,
wir tragen neue Erinnerungen
mit uns.

Eine Geschichte fängt an.

Mir war peinlich

Mir war peinlich, meinen Geburtstag zu feiern. Ich bat meine Mutter, mich wieder zu gebären. Ohne Beteiligung meines Vaters.

Sie gebar mich. Nun feiere ich meinen Geburtstag. Ich lade auch meinen Vater zur Geburtsfeier ein.

Der Weg

Der Weg entwickelt sich,

ich fahre nicht
auf den festgelegten Schienen.

Du,
ich
und die Zeit.

Ich wünsche mir etwas mehr,
als es die Möglichkeiten erlauben.

An einer anderen Stelle
dürfte es etwas weniger sein.

Ich pflege Wörter

»Charitas pflegt Menschlichkeit«,
Gewerkschaften pflegen Belegschaften,
Parteien pflegen Wähler,
Produzenten pflegen Verbraucher,
Lehrer pflegen Schüler,
Ärzte pflegen Patienten,
TV-Sender pflegen Zuschauer,
Eltern pflegen Kinder.

Mir bleibt nichts übrig zu pflegen!
Ich pflege Wörter.

Und die Welt

Sie verkauft ihre Verzweiflung für fünfzig Mark.
Er bezahlt für seine Verzweiflung fünfzig Mark.

Und die Welt ist in Ordnung!

Es ergab sich so!

Ich liebte zwei Frauen
und ich habe keine von den beiden erreicht.
Das habe ich nicht gewollt,
es ergab sich so!

Läge ich zwischen zwei Frauen in einem Bett,
so könnte ich die beiden erreichen.

Das habe ich nicht sagen wollen,
es ergab sich so!

Das erste Problem

Ich hatte ein Problem. Daraus ergab sich ein zweites Problem. Aus dem zweiten Problem ergab sich ein drittes. Und so weiter.

Ich nahm das letzte Problem und ging ihm auf den Grund. Dann nahm ich das vorletzte. Irgendwann erreichte ich das erste Problem.

Lass die Finger davon! Kümmere dich um das Mittagessen.

Ich wachte auf

Traum
oder Albtraum?

Ich wachte auf.

Zwei Schmetterlinge
flogen von meinen Augenlidern auf.

In der Bahn

Wir begegnen uns in der Bahn.
Ich weiß nicht, wie ich reagieren soll.
Sie weiß nicht, wie sie reagieren soll.

Ich setze mich hin.
Sie setzt sich hin.
Eine Bekanntschaft geht zu Ende.

Wir sind zwei Fahrgäste in der Bahn.

In diesem Wirrwarr

Gewissen stellt Anforderungen,
die Lust stellt Anforderungen,
ein anderer stellt Anforderungen.

In diesem Wirrwarr
setze ich mich hin
und trinke eine Tasse Kaffee!